U0518474

我有一个财富梦想

财商教育编写中心 编

四川人民出版社

readers-club

北京读书人文化艺术有限公司
www.readers.com.cn
出　品

前　言

　　财商是"财富智商"（Financial Quotient，简写为FQ）的简称，简单一点说是一个人与金钱打交道的能力，是一个人处理个人经济生活的能力；复杂一点说是一个人认识财富（资源）、管理财富（资源）、创造财富（资源）和分享财富（资源）的能力。这种能力主要体现在一个人的习惯(Behavior)、动机（Motivation）、方法（Ways）三个方面。

　　财商与智商、情商并列为现代人不可或缺的三大素质，与我们的日常生活息息相关。当每个人都无法逃避地要进行经济活动时，了解财商智慧、提高财商能力就是完善自我、增强幸福感的重要途径。

　　为什么这么说呢？因为财商教育的根本目的是把人们培养成为理性、智慧的"经济人"，简单地说就是实现个人的财富自由。通往"财富自由"的道路分为三个阶段。第一阶段：不论你有多少财富，你都处在不断挣钱、不断消费的境况中，这个时候你只是财富的奴隶；第二阶段：即使你只有10元钱，但这10元钱在为你工作，而不是你在为它工作，这时你是财富的主人；第三阶段：你和财富间形成了伙伴关系，能够在平等对话的基础上，互相帮助、共同成长，这就是"财富自由"。"财富自由"是一个人实现高品质的社会生活的重要保障，也是实现圆满、和谐、幸福的精神生活的坚实基础。

　　"金钥匙"财商教育系列正是基于这一理念而精心编撰的财商启蒙和学习读本，由"富爸爸"品牌策划人、出品人汤小明先生组织财商教育编写中心倾力打造。书中以充满智慧的富爸爸、爱思考的阿宝、爱美的美妞、调皮好动的皮喽等卡通形象为主人

公，结合国内外财商教育的丰富经验，将知识性、趣味性、实践性融为一体，让孩子们在一册书中能够在观念、知识、实践三个层面得到锻炼。

　　"金钥匙"财商教育系列分为"儿童财商系列"和"青少年财商系列"，分别适应7~10岁的少年儿童和11~14岁的青少年学习，"儿童财商系列"通过丰富的实践活动以及生动有趣的游戏、儿歌、故事版块，侧重培养小朋友的财商意识、良好的理财习惯以及正确的财富观念。"青少年财商系列"在此基础上，旨在培养青少年较为深入地认识一些经济规律，熟悉市场运作的基本原理，逐步把财商智慧应用到创新、创业的生活理念之中。

　　作为国内财商教育的先驱者和尝试者，本系列丛书在编写过程中得到众多德高望重的教育学、经济学等领域专家的指导和帮助，在此向他们致以诚挚的谢意。希望本系列丛书顺利出版后能够为中国少年儿童和青少年的财商启蒙和教育增添一份力量。

财商教育编写中心

2015年11月

主 要 人 物 介 绍

美妞
性别：女
性格：活泼、爱臭美、
　　　爱出风头
喜爱的食物：骨头、肉
喜欢的颜色：粉色

咕一郎
性别：男
性格：内向、聪明
　　　好学
喜爱的食物：谷子
喜欢的颜色：绿色

皮喽
性别：男
性格：活泼、反应
　　　快、粗心
喜爱的食物：桃子、
　　　　　　香蕉
喜欢的颜色：黄色

阿宝
性别：男
性格：稳重、爱思考
喜爱的食物：竹子、苹
　　　　　　果、梨
喜欢的颜色：蓝色

富爸爸
性别：男
会出现在各种不同
场合，教给小朋友
们不同的财商知
识。

Contents

目 录

一、什么是诚信？

讲诚信的孙氏兄弟

2010年2月9日，农历腊月二十六，湖北黄陂籍建筑商人孙水林终于拿到了工程承包款，他决定冒着风雪赶回老家，因为他答应了工人们要在年关之前给他们发上工钱。工人们已提前返乡，当晚，他与已经返回老家的弟弟通过电话后，不顾弟弟的劝阻，急忙驾车从天津出发。当车行至河南省兰考县境内时，雪下得更大了，路面也结了冰，孙水林驾驶的车遭遇重大车祸，一家五口不幸遇难。

冒雪前来寻找哥哥、嫂子的孙东林，为了兑现哥哥给工人们的承诺，忍痛搁置对哥哥一家后事的处理，在大年三十前一天，将33.6万元工钱如数发到了60多位农民工手里。

实际上，孙氏兄弟按时给工人发薪的事已经坚持了20年，是远近闻名的"诚信兄弟"。孙水林一家的不幸遇难，让更多的人了解到了兄弟两人二十年如一日对诺言的坚守。

2010年10月，得知孙东林的建筑公司需要贷款支持，工商银行主动为他提供了1000万元无抵押贷款，使其公司的业务得到了快速发展。

年底的时候，"诚信兄弟"还光荣地被评为"感动中国2010年度人物"。

1. 我们应该向"诚信兄弟"学习什么？
2. 为什么银行同意为孙东林的公司提供1000万元无抵押贷款？

_____

_____

_____

_____

_____

_____

_____

富爸爸告诉你

什么是诚信？

诚信，指诚实无欺，讲求信用。

在当今商业社会，"诚信"显得尤为重要，不仅仅关乎道德、修养、交友、治国、治家，与财富创造也密不可分。

FQ动动脑

练一练

请用与诚信相关的词语或成语填满下表：

序号	成语或词语
1	一诺千金
2	
3	
4	
5	

李嘉诚创业

李嘉诚在创业初期，资金极为有限。一次，一个外商希望大量订货，但他不确定李嘉诚是否有供货能力，于是他提出必须有财力雄厚的机构或个人来为李嘉诚作担保。李嘉诚是白手起家，没有背景，他跑了几天，磨破了嘴皮子，也没人愿意为他作担保。无奈之下，李嘉诚只得对外商如实相告。李嘉诚的诚实感动了对方，外商对他说："你能够坦诚相告，表明你是一位

诚实的人。诚信乃做人之道，也是经营之本，不必其他人作保了，现在我们就签合约吧！"没想到李嘉诚却拒绝了对方的好意，他对外商说："先生，能受到如此信任，我感到非常荣幸！可是，因为资金有限得很，一时无法完成您这么多的订货。所以，我还是不能与您签约，对此我也感到非常遗憾。"外商听了，更加佩服他的为人，不但与之签约，还预付了货款。这单生意使李嘉诚赚到了一笔非常可观的钱，为他未来的发展奠定了基础。由此，李嘉诚也悟出了"坦诚第一，以诚待人"的重要性。在后来做生意时，李嘉诚无论是向朋友借钱还是向银行贷款，都会按时偿还。于是，他的生意越做越大，创造的财富越来越多。

1. 李嘉诚是一个讲诚信的人，那你觉得他是一个财商高的人吗？
2. 对待不诚信的人，我们应该对他讲诚信吗？

咕一郎的表舅携款潜逃

咕一郎有个表舅叫狐游，他办了一家专门生产出口儿童自行车的公司，是当地的知名企业家。

最近，咕一郎的妈妈老是唉声叹气。咕一郎一问，才知道是狐游表舅出事了。

原来，由于这两年美国和欧洲经济不景气，表舅的生意大受影响，于是他开始四处借款，并承诺给借款人每年20%的利息。咕一郎的妈妈就将仅有的10万元积蓄借给了狐游表舅，还劝说许多街坊邻居和同事也借钱给他。刚开始大家还不乐意借，后来狐游表舅将借款利率提高到了30%，并且及时偿还了第一批借款和利息。于是，人们纷纷从银行里将存款取出来（银行一年期存款利率为5%）借给表舅。为了得到更多的利息，咕一郎的妈妈将表舅归还的10万元借款及半年的利息1万元，一并借给了表舅。不到三个月，狐游表舅就拿到了超过1亿元的借款。

　　两周前，狐游表舅卷款潜逃海外，很多像咕一郎妈妈一样的"贷款人"损失惨重。而且，狐游的公司也被查封了，好几百名工人失去了工作。目前，警方正通过网络通缉狐游，其罪名是"非法集资"。

　　1. 对于"非法集资"，你认为应该如何提高识别能力，避免上当受骗？
　　2. 狐游的财商高吗？为什么？

FQ笔记

讨论：和同学一起讨论一下诚信的重要性。

_____

_____

_____

_____

_____

_____

_____

_____

_____

二、什么是信用？

失望的皮喽

皮喽最近爱上打羽毛球了。

爸爸刚下班回到家，皮喽就跟爸爸说："等我写完作业后，跟我打半个小时的羽毛球吧。"

爸爸为了让皮喽快点儿完成作业，马上就点头

同意了。

　　吃过晚饭后，皮喽就开始埋头写作业。写完了作业，他拿上球拍准备和爸爸一起去附近的羽毛球馆。

　　可是爸爸坐在电脑桌前，一边敲着键盘，一边说："都快9点了，太晚了。再说我这报告明天还得交呢。改天爸爸再陪你打羽毛球吧！"

　　皮喽又失望又委屈，难过得眼泪都快流出来了。

爸爸说话不算话、不讲信用，太让我失望了。

那么，什么是信用呢？

信用，指"信守诺言"。讲信用，是一种良好的道德品质。

有信用就能从银行贷到款。因此，信用是指获得银行贷款的能力。

我们现在用的纸币，属于"信用"货币。因此，信用表示"值得信赖"。

关于信用，阿宝、美妞和咕一郎都说了自己的想法，你同意谁的想法呢？

_____

_____

_____

_____

_____

什么是信用？

信用，在商业社会，是指一个人或一个企业所积累的关于债务偿还方面的信任度。简单来说就是说话算话。

信用好的个人或企业，就可能得到银行的贷款，也很容易得到合作企业的信赖。因此，信用本身就是一笔宝贵的财富。如果将来你希望创造自己的企业，信用就是绝不可缺少的品质哦！

FQ动动脑

判断对错：关于信用的特点，你认为哪些说法正确？请在你认为正确的说法后面打上"√"，如果你现在还不好判断，可以先读读后面的故事再来思考。

1. 信用需要长时间积累。   （   ）
2. 信用不需要长时间积累。   （   ）
3. 信用难得而易失。   （   ）
4. 信用不能创造财富。   （   ）
5. 信用能创造财富。   （   ）
6. 信用本身就是财富。   （   ）

阿克森积累信用的故事

在成为一位亿万富翁以前，阿克森是一位清贫的律师。

有一天，阿克森找到一家银行的借贷部经理，声称要借一笔钱修缮律师事务所。因为他是律师，在社会上有一定的地位，他没费多大周折就获得了该银行一万美元的贷款。

走出这家银行后，阿克森又进入了另一家银行。在那里，他存进了刚刚才拿到手的一万美元。完成这一切，前后总共不到一小时。之后，阿克森又去了两家银行，重复了刚才做的事情。

这两笔总共两万美元的借款利息与他能得到的存款利息，基本差不了多少。几个月后，阿克森就把存款取了出来，还了债。

通过这种方式，阿克森便在几家银行建立了初步信誉。此后，阿克森又在更多的银行使用这种短期借贷和提前还债的方法，而且数额越来越大。不到一年光景，阿克森的银行信用额度已经很高了。

凭着他的一纸借条，就能一次借出10万美元。

　　不久，阿克森又借钱了，他用借来的钱买下了
费城一家濒临倒闭的公司。八年之后，阿克森拥有
的资产达到1.5亿美元。

1. 你赞同阿克森的做法吗？为什么？
2. 举例说明：如何在生活中积累我们的信用？

FQ笔记

小调查：请在课后调查一下你的家人们的信用度，并完成下面的表格。（给星星涂上颜色，分数最高的是五颗星。）

家庭成员	信用度	令你印象深刻的信守诺言的表现
爸爸	☆☆☆☆☆	
妈妈	☆☆☆☆☆	
爷爷	☆☆☆☆☆	
奶奶	☆☆☆☆☆	
外公	☆☆☆☆☆	
外婆	☆☆☆☆☆	

三、信用创造财富

钱掌柜卖米

镇上的米店老板钱掌柜是一个见钱眼开的人。

一天，他听到一则新闻："最近，很多地区已经出现粮食紧缺！"

"嗯？粮食紧缺？"钱掌柜那对绿豆似的小眼

睛咕噜一转，"太好了，我要赚大钱了。哈，我姓钱、钱、钱！我叫钱掌柜。我要发大财。"想到了赚钱的点子，钱掌柜高兴得手舞足蹈。

钱掌柜正在高兴的时候，有顾客进门了："钱掌柜，我要买米。"钱掌柜立即跑到门口，把顾客赶了出去，还把门给堵上了，他大喊道："对不起！没有米卖！""我明明看见有米的啊，怎么能说没有米卖呢？"顾客不解地询问。钱掌柜生气地大喊："我说没有就没有，我家的米，我想卖就卖，不想卖就不卖！"

午夜时分，夜深人静。可钱掌柜还在米仓里忙活，他累得大汗淋漓，他在干什么呢？原来他正在把沙子哗哗地倒进米堆里。"我把沙子掺进米里，明天卖个高价。"

"哈哈，又做了一个发财大梦。"钱掌柜从美梦中醒来时，已经是早晨了。"我要开门卖米了。"钱掌柜打开了米店的门，开始出售大米。"大家快来买米吧！两块七一斤啦。"

"钱掌柜，你的米涨价涨这么多啊？"梁阿婆正要买米，听到这个价钱，吃了一惊。"梁阿婆啊，我也没办法，我从米市里进价高了，成本就高了。您总不能让我赔本赚吆喝吧？要买您就快买。"

梁阿婆只好花了高价买了被掺过沙子的米

回家。

第二天，村里的陈阿婆路过梁阿婆家，发现梁阿婆一边吃饭一边直往外吐，她好奇地问："梁阿婆，您这是怎么了？"

梁阿婆泪流满面地说："哎哟！这饭里有好多的沙子，把我的两颗门牙都崩坏了，呜……"

王永庆卖米

王永庆生前是"台湾首富"，还被誉为"经营之神"。他之所以能取得这样的成就，与他的经营理念有着密切的关系，他一直坚持诚信为本，这在他创业之初就为他带来了很高的声誉。

在16岁的时候，王永庆用父亲帮他借来的200元钱做本金自己开了一家米店。为了和隔壁一家日本米店竞争，王永庆颇费了一番心思。

由于当时大米加工技术比较落后，出售的大米里混杂着米糠、沙粒、小石头等，买卖双方对于这种现象已经见怪不怪了。但是，王永庆却花了很大的心力，每次进货后都会把米里的沙子、小石头等杂物一一拣干净，然后才搬到店里的货架上出售。

另外，王永庆还经常为顾客送货上门。有一次，在他刚要给顾客送米的时候突然下起了大雨。顾客的家离米店非常远，路很不好走，而且那个顾客只要一袋米，利润很低。但是，王永庆想，既然承诺了就要做到。于是他冒着大雨，把米送到了顾客的家里。

依靠诚信经营，王永庆米店的名声越来越好，生意也就越做越红火。

1. 同样是两个卖米的掌柜，他们在经营方面有什么不同？

米店掌柜	区别
钱掌柜	
王永庆	

2. 哪家米店可以长久地获利呢？为什么？

_____

_____

_____

_____

信用的价值

富爸爸告诉你：信用是每个人最重要的财富之一，它是我们做人、做事和获取财富都不可缺少的重要品质。一个人维持其良好信用的时间越久，他的信用越有价值。

FQ动动脑

关于信用，下面哪个选项最符合你的认识？如果已经列出的选项与你的认识不相符，那么请在下面的横线上写出你自己的想法。

A：信用就是指诚信。

B：信用就是指一个人或企业关于偿还所借债务的可信度。

C：货币本身就是一种信用，信用有时就是指货币。

D：＿＿＿＿＿＿＿＿＿＿＿＿＿＿＿＿＿。

藤田田的故事

藤田田1965年毕业于日本早稻田大学，他每个月都坚持存一笔钱到银行，并且坚持了好几年。

1971年，他意识到麦当劳快餐在日本将有广阔的市场空间，就想在日本开一间麦当劳的加盟连锁店。当时，麦当劳已经是闻名全球的连锁快餐公司，采用的是特许连锁经营机制，想要取得特许经营资

格，需要申请人具备相当的财力和一定的资历。藤田田只是一个没有任何背景的打工一族，根本就没有麦当劳总部要求的75万美元现款和一家中等规模以上银行的信用支持。

手头只有5万美元存款的藤田田，决定不惜一切代价在日本创立自己的麦当劳事业，于是他绞尽脑汁东挪西借起来。事与愿违，5个月下来，他只借到了4万美元。面对巨大的资金落差，要是一般人，也许早就心灰意冷了。然而，藤田田却选择了坚持。

在一个风和日丽的早晨他走进了日本三井住友银行总裁的办公室。藤田田以极其诚恳的态度，向对方表明了他的创业计划和求助心愿。在耐心地听完他的表述之后，银行总裁说："你先回去吧，让我再考虑考虑。"

听到这句话，藤田田的心里掠过一丝失望，但他马上镇定下来，恳切地对总裁说："先生，可否让我告诉你，我那5万美元存款的来历呢？"总裁点头同意了。

"那是我6年来按月存款的收获。"藤田田说道，"6年里，我每月坚持存下1/3的收入，雷打不动。6年里，无数次面对支出紧张或手痒难耐的尴尬局面，我都咬紧牙关，克制欲望，硬挺了过来。有时候，碰到意外事故需要额外用钱，我不惜厚着脸皮四处借钱，以保证存款。我必须这样做，因为在跨出大学校门的那一天我就立下宏愿，要以10年为期，存够10万美元，然后自创事业。现在机会来了，我要提早开创事业……"

藤田田一口气讲了10分钟，总裁越听神情越严肃，并向藤田田问明了他存款的银行地址。然后他对藤田田说："好吧，年轻人，我下午就会给你答复。"

送走藤田田后，这位总裁立即驱车前往那家银行，亲自了解藤田田的存款情况。柜台业务人员了解了总裁来意后，说："哦，是问藤田田先生啊，他可是我见过的最有毅力、最有礼貌的一个年轻人。6年来，他真正做到了风雨无阻地准时来我这里存钱。老实说，这么严谨的人，我从未见过，十分佩服。"

听完柜台职员的介绍后，总裁大为动容，立即拨通了藤田田的电话，告诉他三井住友银行可以毫无条件地支持他创建麦当劳连锁店。

得到三井住友银行的贷款支持，藤田田终于在日本开了第一家麦当劳店，并在随后的30年间，陆续开了3000多家麦当劳连锁店。

1. 银行总裁为什么同意贷款给藤田田?

_____

_____

_____

_____

2. 在这个故事中，信用与财富之间有什么关系?

_____

_____

_____

_____

甲企业与乙企业都从事电脑软件开发，规模不相上下。甲企业经常向银行贷款，而且总能按时归还，而乙企业不常贷款。那么，从银行的角度来看，哪家企业应该享有更高的贷款额度？为什么？

请在课后问问你的父母，也可以以此为题做个小调查，并写个简单的调查报告。

_____

_____

_____

_____

_____

_____

_____

_____

四、初步了解信用卡

刚毕业的大学生成了信用卡诈骗犯

有一个叫小贝的大学生，毕业后留在了北京工作。

因为抵制不住消费诱惑，刚参加工作不久的小贝就分别在 5 家银行申请到 8 张信用卡，共计透支 6 万元。银行多次催还欠款，但他却无力偿还。根据法律规定，"超过规定限额或者规定期限透支，并且经发卡银行 2 次催收后超过 3 个月仍不归还的"，就被

认为是"恶意透支"并触犯《刑法》。

北京市某法院以信用卡诈骗罪判处小贝有期徒刑2年零3个月，并处罚金10万元。

这家法院的一位副院长建议，银行方面应加强宣传，发卡时务必告知持卡人透支后的法律后果，同时加强对持卡人的信用审查。此外，持卡人也应增强法律意识，透支后应及时还款，珍惜个人信用。

1. 什么叫透支?
2. 小贝的财商高吗?
3. 如果你是小贝，你会怎么做?

什么是信用卡?

就是可以不存钱就消费、取钱的银行卡。

有这等好事?

信用卡是一种广泛使用的集消费、支付、信贷于一体的金融工具，使用起来非常方便。

下面我们就一起来认识一下信用卡。

信用卡的外观

一般是长85.60毫米、宽53.98毫米、厚1毫米的塑料卡片。

信用卡正面

信用卡背面

正面：发卡行名称及标识，信用卡类别（组织标志）、卡号、英文或拼音姓名、启用日期、有效日期等。

背面：卡片磁条、持卡人签名栏（启用后必须签名）、服务热线电话、卡号末四位号码（防止被冒用）、信用卡安全码（紧跟在卡号末4位号码后面的3位数字，提高安全性）。

信用卡的功能

信用卡是银行提供给用户的一种先消费后还款的小额信贷支付工具。

因此，持卡人可以用信用卡购物、消费、存取现金以及在卡内余额不足时透支现金或"超前消费"。不过，持卡人需要在银行规定的期限内归还所透支的金额及利息。

信用卡和普通借记卡在功用方面有什么区别?

信用卡

普通借记卡

银行卡类别	特点与功能
信用卡	
普通借记卡	

32

国际信用卡组织

目前，世界上主要有两大国际信用卡组织：

1. 维萨国际组织（VISA International）。

2. 万事达国际组织（MasterCard International）。

FQ超链接

信用卡是怎么来的？

信用卡于1915年起源于美国。

最早发行信用卡的机构并不是银行，而是一些百货商店、汽油公司、饭店和娱乐行业。美国的一些商店、饭店为了招徕顾客、推销商品，有选择性地在一定范围内向顾客发放一种类似金属徽章的信

用筹码（后来演变成为塑料材质的卡片），作为客户在相应的百货商店、饭店或加油站赊购的凭证。顾客赊购商品之后，可按照约定在一定期限内付款。这就是信用卡的雏形。

据说有一天，美国商人弗兰克·麦克纳马拉在纽约的一家饭店招待客户用餐，就餐后他发现自己忘记带钱包了，因而深感难堪，不得不打电话叫妻子带现金来饭店结账。由此麦克纳马拉萌发了创建信用卡公司的想法。

1950年春，麦克纳马拉与他的好友施奈德合作，投资一万美元在纽约创立了"大来俱乐部"

（Diners Club），即大来信用卡公司的前身。大来俱乐部为会员们提供一种能够证明身份和支付能力的卡片，会员可凭该卡片进行记账消费。这种无须银行办理的信用卡在性质上仍属于商业信用卡。

1952年，美国加利福尼亚州的富兰克林国民银行作为金融机构首先发行了银行信用卡。1959年，美国的美州银行在加利福尼亚州发行了美洲银行卡。此后，许多银行加入了发卡银行的行列。

到了20世纪60年代，银行信用卡很快受到社会各界的普遍欢迎，并得到迅速发展。此后信用卡如雨后春笋般在日本、加拿大以及欧洲各国盛行起来。70年代末期，信用卡作为国际流行的信用支付工具进入中国。然而，由于受我国商业信用发展的限制，同时受社会信用体系还不健全的影响，除了几家银行发行的国际卡之外，在国内使用的完全除账性质的信用卡直到20世纪90年代末才开始发行。

信用卡有哪些好处和坏处？

　　回家后，问问爸爸妈妈是否持有信用卡？并记录下这些信用卡的开户银行，和他们一起说一说信用卡都有哪些用途，以及如何保持良好的信用记录？

_____

_____

_____

_____

_____

_____

_____

五、竞争与市场竞争

万家乐与神州热水器的同城之争

20世纪90年代，在广东的顺德县（现在的广州市顺德区）有两家热水器生产商：万家乐和神州。这两家公司离得很近，在这两家公司里工作的人有不少是亲戚、邻里，但双方在产品创新、广告宣传方面一直明争暗斗、难分高下。

当神州公司在电视上宣传"神州热水器，安全又省气"时，万家乐的宣传口号马上变成了"万家乐，何止安全又省气这样简单！"

不久，万家乐在厂门口拉上了一个大横幅，上面写着："万家乐崛起神州，挑战海外！"神州公司也很快立起了一个大广告牌，上写："款款神州，万家追求"。双方还将挑战对方的口号作为广告语，在报纸、电台、电视台上广为宣传。

万家乐与神州之间你来我往的激烈竞争，并不是只存在于广告宣传上，在技术创新、产品设计等方面，两家公司同样也存在着互不相让的竞争意

识。这让它们同时成为了驰名全国的名优热水器品牌，也为我们留下了一段商业竞争的佳话。

1. 万家乐公司与神州公司之间为什么要互相竞争？
2. 读了这个小·故事，你认为什么是市场竞争？

什么是市场竞争?

在市场经济条件下，企业为实现自身的经济利益和既定目标而不断进行角逐的过程。

通过竞争，能实现企业的优胜劣汰，以及生产要素的优化配置，同时也可以促进市场繁荣、技术进步。

FQ动动脑

说一说

1. 生活中有哪些行为属于市场竞争？请举例说明。

_____

_____

2. 请说一说市场竞争的利与弊。

_____

_____

沃尔玛勇于竞争的故事

沃尔玛的竞争对手斯特林商店开始采用金属货架来代替木制货架后，沃尔玛的老板山姆·沃尔顿立刻请人制作了更漂亮的金属货架，并成为全美第一家百分之百使用金属货架的百货店。

沃尔玛的另一个竞争对手本·富兰克特特许经营店实施自助销售时，山姆·沃尔顿连夜乘长途汽车到该店所在的明尼苏达州去考察，回来后也马上开设了自助销售店，成为当时全美第三家自助销售店。

经过40多年的努力，沃尔玛从美国中部阿肯色州的本顿维尔小城崛起，到目前为止，沃尔玛超市的总数达到4000多家，年收入2400多亿美元，列全球500强企业的首位，创造了一个又一个神话。

1. 麦当劳与肯德基常常毗邻而居，它们之间是什么关系？
2. 你还能举出哪些市场竞争的例子？

FQ笔记

2012年8月，电子商务公司——京东商城、苏宁易购、国美商城之间，发生了一场激烈的价格大战。你对电子商务公司之间的价格竞争持肯定态度，还是否定态度？为什么？

_____

_____

_____

_____

_____

_____

_____

六、竞争的好处

沙丁鱼的故事

挪威人爱吃沙丁鱼，但沙丁鱼非常娇贵，极不适应离开大海后的环境。渔民们把刚捕捞上来的沙丁鱼放入鱼槽运回码头后，用不了多久沙丁鱼就会死去，但死掉的沙丁鱼味道不好销量也差。倘若抵港时沙丁鱼还活着，活鱼的售价就要比死鱼高出许多倍。

渔民们采用了许多种方法想让沙丁鱼活着到达港口，却一直没有找到很有效的方法。

后来，有一个渔民偶然发现：放几条沙丁鱼的天敌——海鲇鱼进鱼槽里，就能让捕上来的沙

丁鱼活的时间长些。海鲇鱼是肉食性鱼类，放进鱼槽后，海鲇鱼便会四处游动寻找小鱼吃。为了躲避天敌，沙丁鱼会自然地加速游动，从而保持了旺盛的生命力。

如此一来，渔船就可以满载活蹦乱跳的沙丁鱼抵达港口了。

1. 海鲇鱼和沙丁鱼的竞争属于哪种竞争？这种竞争有什么好处？
2. 在自然界中还存在很多与此相似的竞争，请举例说明。

富爸爸告诉你

　　竞争不仅是人类文明发展的最重要的手段之一，也是促使人类自身能力不断提高的方法之一，同时也让我们的社会、城市和生活更加充满活力。

FQ动动脑

关于企业之间的竞争，阿宝、皮喽、美妞和咕一郎都说了自己的观点，你赞同谁的观点？（　　　　　　　　　　　　　　　　）

产品供应越来越丰富，消费者有更多的选择了。

产品质优价廉，技术越来越进步了。

人们生活会更加幸福，环境也会变好的。

竞争会导致企业破产、员工失业的。

手机的发明与发展

1973年4月的一天，一名男子站在纽约街头，掏出一个约有一块砖头那么大的无线电话（重约1.13千克）与他人通话，引得过路人纷纷侧目。

这个人就是手机的发明者马丁·库珀。他是摩托罗拉公司的研发人员，而接听电话的一方则是马丁的竞争对手——美国电信电报公司贝尔实验室的乔。乔当时也在研究无线电话，但还没有成功。

1983年10月，摩托罗拉公司推出了第一款商用手机——Dyna TAC 8000X，重约0.9千克，售价3999美元。

爱立信的GH337则是第一款登陆中国市场的GSM（全球移动通信系统）手机，当时的价格相当于中国工薪阶层一年的工资总收入。

紧接着，诺基亚开发了第一款双频（GSM900Mhz+1800Mhz）手机N6150、第一款WAP手机（手机通过WAP技术就可以接入互联网）N7110。

2000年9月份，夏普公司推出了第一款具有拍照功能的手机。

2007年1月，史蒂夫·乔布斯在Macworld大会上宣布推出苹果iPhone智能手机。

通过众多手机厂商的参与、竞争，手机的功能越来越强，使用起来更加方便快捷，价格也为大众所接受，连低收入阶层也使用得起。

1. 你能举出哪些由市场竞争促进产品升级、品质提升的例子？并总结一下市场竞争的好处。
2. 市场竞争会带来哪些坏处呢？请从商家的角度进行思考。

和爸爸妈妈讨论一下竞争的好处。

_____

_____

_____

_____

_____

_____

_____

七、为什么要合作?

犀牛与犀牛鸟

犀牛是生活在热带的食草动物，也是最强壮的陆生动物之一，它们四肢粗短，皮厚毛少，身躯庞大。

犀牛的皮肤虽然很厚，但是皮肤的褶皱处却十分娇嫩，这里很容易藏污纳垢，还会受到寄生虫的叮咬，使犀牛痛痒难忍！

有一种犀牛鸟经常停在犀牛的背上为它清除寄生虫。停歇在犀牛背上的犀牛鸟，嘴巴尖且长，能够将藏在犀牛皮肤褶皱处的寄生虫啄出来吃掉，所以人们称犀牛鸟为犀牛的"私人医生"。

犀牛行动笨拙，又是天生的近视眼，这对于它们的生存是非常不利的。所幸它有知心的朋友——犀牛鸟，来做它的义务警卫员。当犀牛休息时，成群的犀牛鸟会聚集在犀牛背上休息，一边为它们啄食藏在皮肤褶皱里的寄生虫，一边替它们放哨。一有敌人来袭，犀牛鸟就马上飞起来鸣叫，报告犀牛敌人来了。犀牛接到报告，会立刻警觉起来，做好迎战准备。

这是自然界中动物们和谐共生的一个生动例子。

富爸爸告诉你

什么是合作？

合作就是个体与个体、群体与群体之间，为达到共同目的，彼此相互配合的一种联合行动方式。

在现代社会，产品的研发、制造、销售都离不开合作。

FQ动动脑

想一想

1. 你还能举出自然界中哪些动物共生的例子呢?

_____

_____

2. 请列举出在日常学习、生活中,你与别人合作的例子。

_____

_____

FQ超链接

神奇的石头——"汤石"

有一个装扮成魔术师的人来到一个村庄,他对迎面而来的妇人说:"我有一颗汤石,如果将它放入烧开的水中,会立刻变出美味的汤来,我现在就煮给大家喝。"

这时，有人找来了一口大锅，有人提来了一桶水，还有人帮忙架上炉子，于是这个装扮成魔术师的人煮起汤来。

他很小心地把汤石放入滚烫的水中，然后拿起汤匙尝了一口，兴奋地说："太美味了！如果能再加入一点洋葱就好了。"这时有人冲回家拿来了几个大洋葱。"魔术师"将洋葱放入水中煮了一会儿，又尝了一口，赞叹道："太棒了！如果再放些肉片就更香了。"一个妇人赶快回家端来了一盘肉放了进去。"再有一些蔬菜就完美无缺了！""魔术师"又建议道。在"魔术师"的指挥下，有人拿来了盐，有人拿来了酱油，还有人捧来了其他食材……

当村民们一人一碗蹲在一起享用煮好的汤时，都不由地称赞："这个人真不愧是一位伟大的魔术师！因为，他的汤石煮出的汤完全就是天底下最美味的汤！"

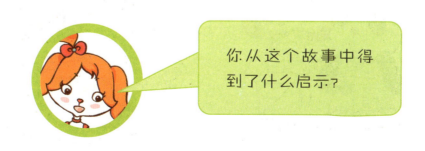

你从这个故事中得到了什么启示？

小贴士

关于合作的谚语

1. 众人拾柴火焰高。

2. 人心齐，泰山移。

3. 二人同心，其利断金。

4. 三个臭皮匠，抵个诸葛亮。

FQ笔记

你准备在学习上如何与别的同学合作？请列出三条以上的具体方法。

_____

_____

_____

八、竞争好还是合作好？

逃生实验

阿宝、皮喽、美妞、咕一郎等7名小学生受邀参加了一位外国教育家的小实验。

在一个小口瓶里，放着7个穿了线的彩球，彩球的直径正好与小口瓶瓶口的直径差不多，线的一端露出瓶口。外国教育家告诉参加实验的小朋友们，这只瓶子代表一幢房子，彩球代表屋里的人。房子突然起火了，只有在规定的时间内逃出来的人才有可能生存。

外国教育家请7名小学生各拉一根线，听到哨声便以最快的速度将球从瓶中拉出来。

实验即将开始，所有的目光都集中在瓶口上。哨声响了，7个孩子一个接着一个，依次从瓶子里取出了自己的彩球，总共才用了3秒钟！在场的人情不自禁地鼓起掌来。这位外国教育家连声说："真了不起！真了不起！我在许多地方做过这个实验，从未成功。至多只逃出一两个人，多数情况是

7个彩球同时卡在了瓶口。我从你们身上看到了一种可贵的合作精神。"

1. 在这个实验中，阿宝、皮喽、美妞、咕一郎等人是竞争关系，还是合作关系？

  A：竞争关系；

  B：合作关系；

  C：既竞争又合作的关系；

  D：既不是竞争关系又不是合作关系。

2. 外国教育家的实验为什么在别的地方常常不成功？

3. 你从哪里可以看出阿宝、皮喽、美妞、咕一郎等7位同学具有合作精神？

富爸爸告诉你

　　竞争与合作要用对地方，有些地方提倡竞争，有些地方提倡合作，要根据不同的事情、不同的时间、不同的地点和环境来决定是竞争还是合作。竞争与合作通常会相互转化，良好的竞争会促进合作的效果。

FQ动动脑

小辩论：请以"竞争重要还是合作重要"为题与周围的同学一起进行一次小辩论，并完成下面的空格。

甲方论点：竞争重要

辩手：＿＿＿＿＿＿＿＿＿＿＿、＿＿＿＿＿＿＿＿＿＿＿

甲方观点1：＿＿＿＿＿＿＿＿＿＿＿＿＿＿＿＿＿＿＿＿

甲方观点2：＿＿＿＿＿＿＿＿＿＿＿＿＿＿＿＿＿＿＿＿

甲方观点3：＿＿＿＿＿＿＿＿＿＿＿＿＿＿＿＿＿＿＿＿

乙方论点：合作重要

辩手：＿＿＿＿＿＿＿＿＿＿＿、＿＿＿＿＿＿＿＿＿＿＿

乙方观点1：＿＿＿＿＿＿＿＿＿＿＿＿＿＿＿＿＿＿＿＿

乙方观点2：＿＿＿＿＿＿＿＿＿＿＿＿＿＿＿＿＿＿＿＿

乙方观点3：＿＿＿＿＿＿＿＿＿＿＿＿＿＿＿＿＿＿＿＿

获胜方：＿＿＿＿＿＿＿＿＿＿＿＿＿＿＿＿＿＿＿＿＿＿

总结：＿＿＿＿＿＿＿＿＿＿＿＿＿＿＿＿＿＿＿＿＿＿＿

＿＿＿＿＿＿＿＿＿＿＿＿＿＿＿＿＿＿＿＿＿＿＿＿＿＿

FQ超链接

三个摊贩的故事

在南方的一座小城里，有三个摊贩：一个卖水果，一个卖蔬菜，一个卖馒头。他们都希望自己所卖的商品能尽快卖出去，这样他们就能挣到钱了。

一天中午，一个准备做饭的主妇来到了他们面前，三个摊贩立刻面带笑容，热情地招呼客人。卖水果的摊贩率先吆喝道："快来看，快来看，又大又圆的苹果！"主妇马上走到了苹果摊前。她刚拿起一个看了看，卖蔬菜的摊贩急了，对主妇说："他卖的苹果都是用药催熟的，不好吃，您还是看看我的蔬菜吧。"主妇听后马上放下苹果，来到蔬菜摊位前，挑了两把绿油油的菠菜。她刚想请卖蔬菜的摊贩称重，旁边卖馒头的摊贩说道："他家的蔬菜经常缺斤少两，你可要小心哦，还是看看我家的馒头吧。"主妇皱了皱眉头，放下蔬菜，走到了卖馒头的摊位前。她刚想问价，卖水果的摊贩和卖蔬菜的摊贩便开始讨论起来：

"他家的馒头最近又用了增白剂吧？"

"怪不得看起来白晃晃的……"

于是，主妇什么东西都没买，又生气又失望地走了。

三个摊贩因为互相攻击，结果每天都卖不出多少东西，生意一天不如一天。最后，他们都失业了……

有一天，他们三个突然在街上偶遇，想到了过去的种种情形，觉得自己很可笑、很傻。有一个人就提议：我们为什么不尝试一下合作呢？大家一拍即合。

他们三个人又回到了原来的菜市场。当有顾客

走近时，卖水果的摊贩就会喊："快来看，快来看，又大又圆的苹果！"

等顾客买好了苹果，他会接着说："您还没吃饭吧，光吃水果可不行啊，中午饭很重要的，要吃蔬菜哦。"听到了卖水果的摊贩关切的话语，顾客感到很高兴，因此，他付完苹果的钱后就来到蔬菜摊前挑选蔬菜。

等顾客买好菜后，卖蔬菜的摊贩就会说："光吃菜也不行啊，要吃点主食。对面的馒头又白又可口。"

听了卖蔬菜的摊贩真诚的建议，顾客又来到了卖馒头的摊位前，买下了一大袋热气腾腾的白面馒头。

很快，这三个摊贩的生意就红火起来了。

1. 摊贩们之前的生意为什么不好？

2. 摊贩们之后的生意为什么红火了？

3. 三个摊贩之间，是竞争关系还是合作关系？（　　　　）

　　A：竞争关系；

　　B：合作关系；

　　C：既竞争又合作的关系。

FQ笔记

　　回家和爸爸妈妈一起讨论一下：在生活中，什么时候需要竞争，什么时候需要合作？

_____

_____

_____

_____

_____

_____

_____

_____

_____

_____

_____

_____

九、敢于竞争，善于合作

阿宝的困惑

　　阿宝和美妞是同班同学，也是好朋友。快到中秋节时候，美妞的妈妈从外地寄来了一盒月饼，美妞就挑了阿宝最喜欢的豆沙月饼送给了他。

过了几天班主任宣布，学校将成立一个财商俱乐部，俱乐部主席这个重要职位将通过竞选方式产生，想参加竞选的同学应在下周一放学前到校长办公室报名。

阿宝不仅财商高，还热心为大家服务，如果参加竞选，很有希望当选。阿宝也希望通过财商俱乐部主席这个职位，帮助大家训练和提高财商，同时也提高自己在公众场合演讲的能力以及领导力。

但当阿宝向校长报名时，他却犹豫了，因为他看到报名表上有美妞的名字。阿宝真不知道自己该不该报名。

1. 你认为阿宝为什么会犹豫呢？

2. 如果你是阿宝，你会参加竞选吗？为什么？

生活的智慧：敢于竞争、善于合作

在学习、工作与生活中，竞争与合作都很重要。

竞争可以激发动力和智慧，提高个人能力，促进人和社会的进步；合作则可以让人们和谐相处，为社会创造出巨大的物质和精神财富。

一个财商高的人，应是一个敢于竞争、善于合作、积极乐观的人。

FQ动动脑

下面列举的现象中有哪些和你的日常行为相符？请在相符的行为前打"√"。如果已有的选项中没有与你的行为相符的选项，请在横线上把你的行为写出来。

A：努力学习，使自己的成绩名列前茅。

B：积极帮助同学，不在乎谁的分数更高。

C：不好意思向同学请教，自己能掌握多少算多少。

D：积极向别人请教难点问题和学习方法。

E：互帮互学、共同进步。

F：其他＿＿＿＿＿＿＿＿＿＿＿＿＿。

新能源企业的合作协议

新能源（太阳能、风能等）有着广阔的市场前景，但目前尚处于研发投入阶段。

最近，有4家新能源企业的总裁齐聚杭州西湖，研讨新能源行业的发展策略。

新能源研究和开发势在必行，但鉴于开发费用大、周期长，成功与否也不确定。4位总裁只能反复商讨、谈判，还好最终达成了共识，并联合签署了一个重要的合作协议。

1. 如果你是新能源企业的总裁，你将怎样与你的竞争对手们合作？
2. 新能源企业开展合作后，他们是否就不会再竞争了？为什么？

FQ笔记

回家和爸爸妈妈一起讨论，并列出家庭生活中竞争的例子、合作的例子。然后想一想，在竞争的例子中，应该如何通过合作来提高每一个人的满意度？

_____

_____

_____

十、什么是梦想？

少年比尔·盖茨的梦想

比尔·盖茨，1955年10月28日出生于美国西雅图。他的父亲是一位律师，母亲是一位教师。少年盖茨像大多数孩子一样活泼好动，任何有挑战性的游戏都能激起他强烈的兴趣。但与别的孩子不同的是，他会把每次游戏都当成一种竞争，绞尽脑汁地想出战胜对手的方法。

13岁时，盖茨进入西雅图湖滨中学学习。学校为了让学生们接触到电脑，决

定开设电脑课程。但因为当时的电脑体格庞大——那时一台电脑由主机、若干终端机以及大量外围设备（磁盘机、磁带机、读卡机、打印机、绘图仪）组成，通常有二三十个机柜之多，要用一个大房间，甚至几个房间才能放得下，所以价格也十分昂贵。因此学校只能用募集到的捐款购买了一台终端机，并租用了另一家公司的主机，来实施相关的教学计划。

能够如此近距离地接触电脑，让喜欢挑战新事物的盖茨喜出望外。他只要一有时间就钻进机房去操作那台终端机，几乎到了废寝忘食的地步。在这一过程中，他还自学了许多电脑程序设计方面的知识。然而好景不长，半年之后，湖滨中学就因为没钱支付主机使用费而停止了电脑课程。

这件事让痴迷于电脑程序设计的比尔·盖茨深受打击。

就在他想方设法寻找新的编程机会的过程中，他萌生了一个强烈的愿望：要让电脑成为一种完美的工具，彻底改变人类的生活。

后来，比尔·盖茨以及他创办的微软公司，通过不断开发个人电脑软件，推动了个人电脑行业的发展，终于在不到30年的时间内，让当年的梦想成为了现实。

关于梦想，阿宝、咕一郎和皮喽都说出了他们的看法，你同意下面哪一种或哪几种看法呢？

梦想，就是指一个人的理想和目标。

梦想，就是指一个人想得到的东西。

梦想，是一种强烈的愿望，能激发人的热情和勇气。

富爸爸告诉你

　　梦想是人类对于美好事物的一种憧憬和渴望，是人类最天真、最无邪、最美丽、最可爱的愿望。梦想可以帮助人们提高做事的效率。实现梦想是需要付出成本的。

FQ动动脑

1. 下面哪些人类梦想已经实现？　（　　　　　　）

A：在空中飞行　　　　　B：登上月球
C：登上火星　　　　　　D：消除饥饿
E：消除贫困　　　　　　F：消除战争

2. 你有哪些梦想？

_____

_____

_____

3. 梦想有什么作用？

_____

_____

_____

FQ超链接

梦想成就传奇人生

孙正义，韩裔日本人，1957年8月11日出生于日本，现任软银集团董事长兼总裁。

在不到20年的时间里，他成功投资了大约800家公司，分布于中国、美国、日本等国

家，其中上市公司超过21家，他的个人资产也因此达到数百亿美元。

孙正义认为，他之所以能取得如此非凡的成就，是因为他是一个有梦想、有激情的人。

在他的个人传记中，他向人们展示了他19岁时的梦想——50年人生规划：

● 20多岁的时候，向我投身的行业宣布我的存在。

● 30多岁的时候，我应该有足够的种子资金做一个大的项目，这个种子资金的规模应该在1亿美元以上。

● 40岁的时候，我至少要有10亿美元的资产，并选好一个重要的行业，然后投身于这个行业，并全力以赴地在这个行业里成为第一名。

● 50岁的时候，实现我的目标，要让我的公司成为大规模的集团公司。

● 60岁的时候，获得标志性的事业成功。

● 70岁的时候，把我的事业交给我的接班人。

在接下来的30多年里，孙正义当年定下的梦想，一个个都变成了现实。孙正义就这样在梦想的指引下，从一个没有背景、没有资金、没有任何经验的年轻学子，逐步成长为互联网商业帝国的缔造者。

不久前，孙正义定下了一个新的梦想计划：在30年之内使软银集团发展成为全球十大IT技术公司之一，市值达到约2.3万亿美元，拥有5000个子公司。

1. 孙正义的梦想有什么特点？

2. 你同意下面哪些说法？

    A：梦想是孙正义成功的基础；   （   ）

    B：有了梦想，就有了奋斗的目标； （   ）

    C：有了梦想，就有了奋斗的动力； （   ）

    D：有了梦想，就有了坚定的意志力； （   ）

    E：成功的人，都是因为年轻时确立了梦想

       才成功的；   （   ）

    F：只要有了梦想，就一定能成功。 （   ）

3. 你认为孙正义新的梦想计划能够实现吗？为什么？

FQ笔记

对爸爸妈妈做个访谈，问问他们是否有梦想？他们的梦想是什么？他们是否为了实现自己的梦想努力过？他们的梦想都实现了吗？

十一、职业梦想

长大了要做什么？

星期六上午，阿宝、美妞、皮喽、咕一郎一起来到了富爸爸开的"FQ西餐厅"。帮助富爸爸擦洗门窗、摆好座椅后，他们在一张餐桌边坐了下来，一位服务员马上给他们端来了柠檬水。

闻着柠檬沁人心脾的清香，阿宝忍不住说："我将来要为大家开发出用新鲜的箭竹、甘蔗、柠檬制成的饮料，一定香甜、美味又健康！对了，我还要创出一个国际知名的饮料品牌，成为像比尔·盖茨那样的企业家、慈善家。"

皮喽刚刚看过"辽宁舰"交接入列的仪式，他大声说："我觉得航空母舰的舰长特别光荣、特别帅，我将来要成为一名航空母舰的舰长，保卫祖国的领海！"

听完阿宝和皮喽为自己定下的宏伟目标，富爸爸问美妞和咕一郎："你们将来想做什么呀？"

咕一郎急忙说："美妞将来想成为服装设计

师，我将来要当主持人，您觉得怎么样？"

……

你认为什么是职业？

富爸爸告诉你

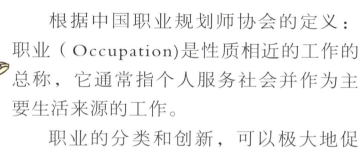

　　根据中国职业规划师协会的定义：职业（Occupation)是性质相近的工作的总称，它通常指个人服务社会并作为主要生活来源的工作。

　　职业的分类和创新，可以极大地促进社会财富的增长和文明的进步。

FQ动动脑

1. 你将来想从事什么样的职业？

　　我的职业梦想：_____

2. 请将下面的这些人和他们的职业联系起来。

> ### 著名人物与职业
>
> 马 云　　　　　　　　歌唱家
>
> 刘 欢　　　　　　　　运动员
>
> 林 丹　　　　　　　　政治家
>
> 杨利伟　　　　　　　　科学家
>
> 爱因斯坦　　　　　　　航天员
>
> 美国前总统林肯　　　　企业家

3. 你还听说过哪些职业呢?

_____

_____

_____

_____

_____

_____

_____

梦想，纸钢琴上弹出的乐章

有一个小男孩儿，家里十分贫穷。可是小男孩儿从小就有一个愿望，那就是做一个音乐家。事实上，音乐是富贵而高雅家庭的孩子才能爱好得起的才艺，学习音乐需要大笔经费，这是他这种贫困家庭承受不起的，仅仅是那一架昂贵的钢琴，都会让他对自己的爱好和梦想望而止步了。

然而小男孩儿并没有退缩，仍然执着地沉迷于音乐。他先是自己动手，用纸板制作了一个模拟的黑白两色的钢琴键盘，然后在那个纸板做的黑白键盘上练习贝多芬的《命运交响曲》。纸键盘当然弹不出任何声音，男孩儿也自然听不到钢琴发出的美妙声音，但他仍然用心地弹着。

更让人不可思议的是，男孩儿在这种纸做的键盘上勤奋练习到十指都磨破后，居然开始自己作起曲来。渐渐地，有人开始喜欢起他的曲子来，并愿意出钱够买。

一天，小男孩儿用自己卖曲子挣来的钱真的

买回了一架钢琴，那是一架二手钢琴，破旧不堪，时常发不出声响，或者跑调，但小男孩儿却如获至宝。他学着自己修整、调音，沉醉在自己的音乐世界里。小男孩儿在作曲时常常废寝忘食，即使在梦中醒来他突然来了灵感，就是打着手电筒他也要把曲子记录下来，父母看在眼里，很是不理解。

那一年，小男孩儿还不到20岁，然而他已经开始在德国和世界的乐坛上腾飞了，并最终成为了好莱坞著名的电影音乐的创作人员，在第67届奥斯卡颁奖大会上，他以闻名于世的动画片《狮子王》主题曲荣获了最佳音乐奖。他就是汉斯·齐默尔——一位自学成才的音乐大师，曾经依靠自己在纸板做的钢琴上练习音乐，终于练出了一项属于自己的桂冠。

这个故事带给你哪些启发？

FQ笔记

1. 向爸爸妈妈了解他们目前从事的职业。

　　爸爸的职业：＿＿＿＿＿＿＿＿＿＿＿。
　　妈妈的职业：＿＿＿＿＿＿＿＿＿＿＿。

2. 向爸爸妈妈了解他们对你的未来职业的建议。

　　爸爸的建议：＿＿＿＿＿＿＿＿＿＿＿。
　　妈妈的建议：＿＿＿＿＿＿＿＿＿＿＿。

3. 写出你自己的想法。

　　我的未来职业梦想：＿＿＿＿＿＿＿。

十二、梦想储蓄罐

百年奥运梦

中国人的奥运梦想持续了100年。20世纪初，南开大学的学生们曾在《天津青年》杂志上提出了"奥运三问"："中国什么时候能够派运动员去参加奥运会？我们的运动员什么时候才能够得到一块奥运金牌？我们的国家什么时候能够举办奥运会？"这些问题在接下来的近100年时间里逐一得到了回答。

刘长春是第一位代表中国参加奥运会的运动员。1932年，他作为中国唯一的一名运动员参加了第10届奥运会。

新中国成立后，于1984年首次派代表团参加了第23届洛杉矶奥运会，由许海峰实现了中国奥运金牌"零的突破"。

1991年，北京作为奥运会申办城市，正式向国际奥委会申请举办2000年第27届奥运会。但在1993年9月24日的国际奥委会投票表决中，北京以两票之差落选，准备得更加充分的悉尼获得了2000年奥运会的主办权。

　　第一次申奥失败后，到了2001年，经过充分准备，北京再次向国际奥委会申请举办2008年的第29届奥运会，这一次北京以绝对优势击败了大阪、巴黎、多伦多、伊斯坦布尔等申办城市。

2008年8月8日20点，第29届奥林匹克运动会在北京国家体育场（鸟巢）开幕。

百年期盼，百年努力。中国人的奥运梦想在这一天终于实现了！

看过这篇文章后，阿宝、咕一郎、皮喽都说了他们的感想，那么你有什么感想呢？

我们国家奥运梦想的实现经历了这么多年！看来有坚持才能实现梦想！

可是如果一个梦想要经历许多年才能实现，那怎么才能保证不遗忘它呢？

时机也是一个重要的因素，但前提是要有积累，到时候才能抓住时机。

实现梦想的好方法

一个梦想的实现需要借助多方面的因素，但最根本的一点就是不能因为一时的挫折而气馁，甚至放弃或把这个梦想给遗忘了。要想让自己梦想成真，你可以试试下面介绍的小方法。

实现梦想的步骤：

第1步：

在一张纸上清楚地写下你的梦想和实现梦想的时间。

第2步：

做一个"梦想储蓄罐"，将你的梦想（可用文字或图形表示）贴在梦想储蓄罐上。

第3步：

制订实现梦想的计划，并严格执行。

第4步：

经常看一看你的梦想储蓄罐，并检查实现梦想的进度。

小贴士

梦想储蓄罐的制作方法

首先，找一个纸盒子或者一个装奶粉的罐子。

然后，在一张纸上写上自己的梦想（或者用图形、图片来表示）。

最后，将纸贴在你的梦想储蓄罐上。

FQ动动脑

画一画

在纸上画出准备制作的梦想储蓄罐。

瑞恩的井

"瑞恩的井"基金会是一个国际资助基金会，成立于2001年3月。这个基金会为什么叫"瑞恩的井"呢？其实，它源自一个感人肺腑的故事。

1998年的一天，6岁的加拿大男孩瑞恩·希里杰克放学回家后，对他的妈妈说："给我70美元吧，我要给非洲的孩子挖一口井，好让他们有干净的水喝。"

原来，这天上课时，老师对一年级的学生们说："在非洲，许多孩子没有玩具，也没有足够的食物和药品，甚至喝不上干净的水，许多孩子因为喝不上干净的水而死去。如果你们能捐出70美元，就能帮他们挖一口井。"

老师的话给瑞恩带来了极大的触动。"70美元一口井"这句话一直在瑞恩的脑子里转着。"我一定要为他们挖一口井。"瑞恩下定了决心。

听了瑞恩的讲述，妈妈说："瑞恩，70美元可不是小数目，你得自己去挣。"瑞恩爽快地答应了。

妈妈在冰箱上放了一个旧饼干盒，作为瑞恩的"梦想储蓄罐"，并标上了实现这个梦想所需的金额——"70美元"。

妈妈说："瑞恩，记住，你只能靠做额外的家务活儿来赚够70美元，愿意吗？"瑞恩点了点头。

瑞恩的第一项工作是为地毯吸尘。哥哥和弟弟都出去玩了，瑞恩干了两个多小时。妈妈"验收"后，往饼干盒里放了2美元。几天后全家人去看电影，瑞恩一个人留下来擦了两个小时窗户，又挣了2美元。爷爷知道了瑞恩的梦想，雇他去捡松果；暴风雪过后，邻居们请他去帮忙捡落下的树枝；考试取得好成绩，爸爸给了奖励……瑞恩把所有得到的钱，都放进了那个饼干盒里。

70美元很快就攒齐了。

4月下旬的一个早上，瑞恩抱着装有零钱的饼干盒，把辛辛苦苦挣来的70美元交给了募捐项目的负责人。

"太谢谢你了，瑞恩！"项目负责人接过捐款，向瑞恩介绍了在非洲进行的"洁净的水"募捐项目。最后，她不好意思地告诉瑞恩，70美元其实只能买一个水泵，挖一口井得要2000美元。瑞恩还小，他不知道2000美元是个多大的数目，只是兴奋地说："那我再多干些活来挣更多的钱吧！"

于是，瑞恩定下了一个新的梦想，并在自己

的梦想储蓄罐上写上了实现梦想所需的金额——"2000美元"。

瑞恩坚持不懈地挣钱，帮助非洲孩子打水井的故事感动了很多人，很快这个故事就传遍了整个加拿大。瑞恩不断收到捐款，在短短的两个月的时间里，他就筹齐了可以打一口井的钱。

之后，瑞恩定下了更大的梦想，并成立了名为"瑞恩的井"的基金，募集到越来越多的钱，帮助了成千上万的非洲孩子。在瑞恩10岁的时候，加拿大总督为他颁发了国家荣誉勋章。

1. 看完这个故事，你得到了哪些启示？
2. 瑞恩的旧饼干盒起到了什么作用？想一想，它与梦想储蓄罐有哪些相似之处？

FQ笔记

用纸盒、易拉罐或奶粉盒做一个属于自己的"梦想储蓄罐"，并写上自己近期的梦想和实现梦想所需的金额。

梦　想：_____。

梦想基金：_____元。

十三、梦想计划表

美妞美梦成真

春节的时候，美妞定下了一个新年梦想：暑假的时候去香港的迪士尼乐园玩，看看自己最喜欢的白雪公主、米老鼠和唐老鸭，体验奇妙的"幻想世界"和"明日世界"。不过，这需要花好几千元钱，而美妞的压岁钱只有不到1000元。

美妞的爸爸在得知了美妞的梦想和"难处"后，向她保证，只要她期末考试的英语成绩在95分以上，暑假就带她到迪士尼乐园玩。

美妞既高兴又发愁，原来美妞在幸福岛（美妞的老家）时没有学过英语，来到现在居住的梦想城后才开始学英语的，基础没有其他同学好，考95分对她来说无疑是一个巨大的挑战。但是，为了自己的梦想，美妞决定奋力一搏。

美妞请求英语老师给予指导和帮助，艾琳老师向她传授了如下秘诀：每天坚持背10个单词，读2篇课文（重复5遍），默写一个重点句型。

回到家后，美妞马上找来了一个空罐子，在罐子上贴上了迪士尼乐园的图片，自己做了一个梦想储蓄罐。她又根据艾琳老师的秘诀，订出了一个实现梦想的计划并把它做成表格形式：

美妞梦想计划表

梦　　想	去迪士尼乐园
实现时间	今年暑假
第一阶段	目标：用一个月时间完成四年级英语上册内容的学习
	计划：每天抽出1小时复习（背单词、读课文、读写重点句型）
	目标达成：是 □　否 □
第二阶段	目标：用两个月时间强化学习四年级下册英语教材
	计划：每天至少用1小时，完成一个课时的学习内容
	目标达成：是 □　否 □
第三阶段	目标：在期末考试前复习时完成相应的模拟试卷，巩固学习成果
	计划：做完5套模拟试卷
	目标达成：是 □　否 □

美妞说到做到，每天都按计划来学习英语。她还将每天默写单词、句子的纸条放进梦想储蓄罐里，罐子一天一天地满了起来。

最后，期末考试时美妞的英语得了满分。

7月底的时候，美妞顺利地来到了迪士尼乐园。

美妞是怎样实现自己的梦想的？皮喽、咕一郎、阿宝都说出了自己的想法，你是怎么想的呢？

美妞的意志力真强，还这么勤奋，不过爸爸的支持和老师提供的"秘诀"都是美妞能成功实现梦想必不可少的条件。

有梦想真好，我也想像美妞那样做一个自己的梦想储蓄罐，再订一份梦想计划表，我得好好想想，我近期的梦想是什么呢？

梦想计划表其实是可以根据自己的情况来做的吧，像美妞，她的梦想基金并不是钱，而是自己每一阶段付出努力的证明。

富爸爸告诉你

　　做任何事情之前都应该做好计划。做计划不仅能够培养我们的理性能力，还能够更好地安排可利用的资源，如时间、物质等。

FQ动动脑

想一想

　　要想实现自己的梦想必须靠行动。那么，在行动之前最好先做什么工作？你认为制订梦想计划对于梦想的实现有什么作用？

_____

_____

_____

_____

安迪的梦想

2012年时，安迪正在上大学三年级，他准备给妈妈买一部有手写功能的新手机，新手机的价格是3000元。

于是安迪准备了一个梦想储蓄罐，在罐子上贴上了新手机的图片，并且标上了3000元的金额和实现目标的时间：9月1日。

他先把自己的压岁钱1000元放进了梦想储蓄罐里。然后，他利用自己的课余时间做了兼职。安迪的数学非常优秀，他在课余时间为一个小学六年级的学生当家庭老师。在两个月里，他赚到了1000元。他把这笔钱也放进了梦想储蓄罐里。在"五一"期间，安迪到了某运动服饰专卖店做促销员赚了800元，他依然把这笔钱全放进了梦想储蓄罐。

安迪虽然在打工，但是他对学习也丝毫没有放松。所以，在期末考试结束后，他得到了200元的优秀学生奖学金，这笔钱他也攒了下来。

在妈妈生日那天，安迪用梦想储蓄罐里的钱，为妈妈买了那部新手机。看着妈妈惊喜的表情，安迪心里有说不出的快乐和满足。

在这个过程中，为了确保按时实现梦想，安迪特地做了一个梦想计划表。

安迪梦想计划表

梦 想	为妈妈买新手机
基 金	3000元
实现时间	2015年9月1日
第一阶段	梦想基金：2000元
	计划项目：1.压岁钱 1000元 2.做数学家教收入 1000元
	目标达成：是 ✔ 否 ☐
第二阶段	梦想基金：800元
	计划项目：运动服饰专卖店，做促销员收入800元
	达成目标：是 ✔ 否 ☐
第三阶段	梦想基金：200元
	计划项目：优秀学生奖学金200元
	达成目标：是 ✔ 否 ☐

梦想计划表对于安迪实现自己的梦想有什么帮助？

FQ笔记

为实现自己的梦想拟订计划，并写入下面的梦想计划表。

梦想计划表

梦　　想	
基　　金	
实现时间	年　　　月　　　日
第一阶段	目标：
	计划：
	目标达成：是 □　　否 □
第二阶段	目标：
	计划：
	目标达成：是 □　　否 □
第三阶段	目标：
	计划：
	目标达成：是 □　　否 □

十四、什么是资产?

最初的资产

瑞士是世界上第一个实行电子户籍卡的国家。当有新生婴儿降生时,医院就会立即通过瑞士的户

籍管理系统，看他（她）是这个国家的第几位成员，然后以此为编号开始在户籍卡中输入这个孩子的姓名、性别、出生时间及家庭住址等信息，随后家长可以登录系统更新其他相关信息。由于婴儿和大人一样，用的都是统一规格的户籍卡，因此每一个刚出生的婴儿都有"资产"这一栏。

1998年，南美洲的一位黑客通过互联网侵入瑞士的户籍管理网站，想把自己刚出生的儿子注册为瑞士人，于是他认真地填写了有关表格。在填写资产这一栏时，他思考再三，然后写上了一个金额：3.6万（瑞士法郎）。这位黑客在确信自己做得天衣无缝之后，关上了计算机。他本以为自己从此就有了个瑞士籍的儿子了，以后自己也可以作为瑞士籍人的直系亲属进入瑞士。谁知不到3天，瑞士当局就发现了这位假居民。

查出这位假居民的并非瑞士的户籍管理人员，而是一位家庭主妇。她在查看女儿的户口信息时，对前一位在财产栏中填3.6万（瑞士法郎）的人产生了怀疑。因为所有的瑞士人在为孩子填写拥有的资产时，都会写上"时间"二字，他们认为，对于一个人，尤其是对于一个刚出生的孩子来说，他所拥有的财富，除了时间之外，再不会有其他的东西。

读了这个故事，皮喽、阿宝、咕一郎都说出了他们的想法和疑问，那么你还有别的什么想法吗？

我明白了，资产并不一定都是指钱，或者像房子、车子这样的实物财富。

时间也是一个人很重要的资产啊，说得真对！

我觉得还有学习知识的能力，你们觉得呢？

什么是资产？

资产就是指由个人(家庭或公司)拥有或控制的，能带来利益的经济资源。

个人或家庭拥有的资产，包括现金、银行存款、房产、汽车、股票、投资开办的公司或购买的商铺以及各种日常生活用品、专利技术、著作权，等等。

个人拥有的专长，比如修车的技术、烹调技艺、绘画技能，还有健康、快乐、名誉等，属于广义的财富，但不属于经济学范畴的资产。

FQ动动脑

判断对错：下面哪些说法是正确的，哪些是错误的？

A. 皮嘍：我爸爸最近向朋友借了10万元钱，买了一辆卡车跑运输。这辆卡车是我们家的资产。　　　　　　（　　）

B. 咕一郎：皮嘍家的卡车是向阿宝家借钱买的，这辆卡车应该属于阿宝家的资产。　　　　　　　　　　（　　）

C. 美妞：我妈妈把我家临街的房子租给小梅阿姨开花店，这个房子现在变成了一个漂亮的花店，它是小梅阿姨的资产。　　　　　　　　　　　　　　（　　）

D. 阿宝：小黑哥哥特别好学，他花了5年时间终于通过了律师资格考试，律师资格证书是他的个人资产。　　（　　）

少年巴菲特的故事

1930年8月30日，沃伦·巴菲特出生于美国内布拉斯加州的奥马哈市。

巴菲特从小就表现出很高的财商，总是在想挣钱的方法。

5岁时他就在家门口摆地摊兜售口香糖。上学后，他带领小伙伴到球场捡有钱人用过的高尔夫球，集中起来转卖给球场的老板，生意还挺红火。

11岁时，他用自己的积蓄和姐姐一起合资购买了"城市服务公司"的股票。

上初中时，巴菲特除了利用课余时间做报童外，还与小伙伴合伙购买了一台弹子球游戏机，并把它出租给理发店老板挣取租金。

　　后来，巴菲特又与一位中学的朋友合伙，用350美元买了一部旧的劳斯莱斯车，以每天35美元的价格对外出租。到他16岁时，他已经赚了6000美元，成了一个名副其实的小富翁。

为什么说少年巴菲特的财商高？

小贴士

净资产

净资产就是个人（家庭或企业）所拥有，并可以自由支配的资产。

净资产的基本计算公式：净资产 = 资产－负债

举例来说，小明家原来有资产80万元（没有负债，全部为净资产），最近向舅舅家借了20万元建蔬菜大棚。这样一来，小明家的资产总额就是80万元加上20万元，即100万元。其中，净资产80万元，负债20万元。

FQ笔记

与爸爸、妈妈一起列出家庭的主要资产：

1. _____ 2. _____

3. _____ 4. _____

5. _____ 6. _____

7. _____ 8. _____

十五、什么是负债？

皮喽家新买了一个农家院

自从皮喽的爸爸买了一辆卡车跑运输以来，皮喽家的收入直线上升。皮喽的爸爸不仅还清了欠款（10万元的购车款是向阿宝爸爸借的），手头上还有了不少积蓄。

皮喽家的房子不宽敞，而且小区里停车也不方便，因此皮喽的爸爸妈妈想在近郊买一个大农家院，最好家门口能停得下3辆大卡车。

考察和比较了十几个新建的农家院后，皮喽的爸爸选中了一个由百科房地产开发公司推出的环保、节能、科技又时尚的新型农家院。

周六的时候，皮喽陪着爸爸妈妈去百科公司签订了购房合同。农家院的总价为50万元，皮喽的爸爸先将手头仅有的15万元支付给了房地产商。然后，他拿着和房地产商签订的购房合同，来到了附近的一家银行申请贷款。银行同意了皮喽的爸爸贷款35万元的申请，给他开出了35万元的支票，同时要求皮喽的爸爸将新买的农家院抵押给银行，并且在以后的10年内，每月都向银行支付一定数额的还款。仔细看过相关条款后，皮喽的爸爸爽快地在抵押贷款合同上签了字。

　　将35万元的支票交给房地产开发公司后，皮喽一家拿到了农家院的钥匙。然后他们全家开车来到了这个新家。皮喽将农家院里里外外看了个遍，对这个既漂亮又宽敞的新家非常满意，他拿起爸爸的手机给阿宝、美妞和咕一郎打电话，请他们到家里来做客。

什么是负债？

负债就是个人（家庭或企业）承担的现时义务，将会导致经济利益的流出。

个人或家庭的负债，一般包括：银行贷款、信用卡透支、欠亲戚朋友的钱、拖欠的各项费用等。

实际上有些负债可以转化为净资产。资产体现为房产、工厂、汽车、股票、存款、消费品等。资产的来源，一部分（或者全部）来自原有的净资产，一部分来自对外的负债。

当个人（或企业）利用负债（外部资源）创造出来了更多的价值（增值），个人或企业的净资产就会越来越多。因此，负债是可以转化成净资产的，比如吉利汽车公司收购沃尔沃的例子就很好地说明了这一点。

FQ动动脑

1. 判断对错：下面哪些说法是正确的、哪些是错误的？

A. 皮喽：我上周过生日时，嘟嘟送来了一串香蕉。等下个月嘟嘟过生日时，我准备送他两个大大的水蜜桃（得花10元）。我的负债是10元。　　　　　　　（　　）

B. 美妞：爸爸妈妈每个月要给我零花钱。我是爸爸妈妈的负债。　　　　　　　　　　　　　　　　　（　　）

C. 咕一郎：表哥正在上大学二年级，他刚刚申请了1万元的助学贷款。他有1万元的负债。　　　　　（　　）

D. 阿宝：我爸爸的手机昨天因为欠费200元停机了，他增加了一笔200多元的负债。　　　　　　　（　　）

2. 看过富爸爸的解释，你认为前文中皮喽家的房产是资产还是负债？下面美妞和咕一郎的说法，你认为哪个是对的？

向银行贷了款就应该是负债吧？

但这房子已经归他们家了，应该是资产吧？

吉利汽车公司收购沃尔沃

沃尔沃是一个有着80多年历史的知名汽车品牌，该品牌于1927年在瑞典哥德堡创建，旗下的轿车以质量过硬和安全耐用著称。

1999年沃尔沃集团将旗下的沃尔沃轿车业务出售给了美国的福特汽车公司。

2010年3月28日，中国浙江吉利控股集团有限公司（简称吉利集团）在瑞典哥德堡与美国福特汽车公司正式签署收购沃尔沃汽车公司的协议，获得沃尔沃汽车公司100%的股权以及包括知识产权在内的相关资产，收购金额为18亿美元（约120亿元人民币）。

仅有十几年历史的民营企业浙江吉利控股集团有限公司，年利润不足10亿元人民币（2008年度净利润8.79亿元、2009年度净利润为8.66亿元），它是如何拿出约120亿元人民币来实现收购的呢？

据吉利集团的董事长李书福介绍，收购资金除了20亿元来自集团内部，剩下的100亿元资金来自国内及境外的银行贷款。

　　吉利集团正是通过负债的方式，成功收购了在资产规模、销售收入、品牌价值、核心技术等方面都优于自己的沃尔沃汽车公司。

1. 负债常常可以帮助企业扩大规模、抓住商机或渡过难关，那么，是不是负债越多越好呢？为什么？

2. 吉利公司收购了沃尔沃汽车公司之后，资产是增加了还是减少了？

3. 吉利公司收购了沃尔沃汽车公司之后，负债是增加了还是减少了？

4. 吉利公司收购了沃尔沃汽车公司的负债将来能否转化成净资产？

FQ笔记

1. 与爸爸、妈妈一起列出家庭的主要负债。

_____

_____

_____

_____

2. 与爸爸妈妈讨论:家里每个月要为我花费哪些钱，我是不是爸爸妈妈的负债呢?

_____

_____

_____

_____

十六、家庭收入知多少？

爸爸的工资条

　　星期天，阿宝在书柜里找书看时，发现一本书中掉出了一张小纸条。

　　阿宝捡起来一看，原来这张小纸条是爸爸20多年前刚参加工作时的工资条，上面列着：基本工资89元，加班费40元，共计129元。

　　爸爸打完网球回来吃晚饭时，阿宝对爸爸说："爸爸，我看到了一张您以前的工资条，您的月收入才129元。您是不是经常没钱吃饭啊？"

　　妈妈乘机打趣说："对呀，所以你爸爸只好

爸爸的工资条，基本工资89元、加班费40元……

到妈妈家来吃饭啦。"

爸爸却自豪地说："我的收入在当时已经算不错的了，比很多人都高。因为，每个周末我会主动加班，月底就能得到一大笔加班费。有了这笔加班费，我每个月就能为你姑姑寄50元左右的生活费，帮助她顺利完成了大学学业。"

阿宝早就听姑姑说过，当时家里生活困难，是爸爸资助她念完大学的。不过，阿宝还是不太理解，月收入才100多元怎么能养活两个大人呢？爸爸当时要攒多久才能买得起那辆黑色的自行车呢？爸爸可珍惜这辆车了，现在还完好地保存在楼下的杂物间里。

阿宝想着要帮爸爸把这份珍贵的工资单保存下来，可是纸质工资单早晚会腐烂或丢失，存到财务自由APP里最保险。于是，阿宝拿出爸爸的手机，把工资单上的数据进行保存。

目标	资产净收入+兴趣收入 当月支出	0
收入 0	支出 0	
投资 0	现金流 0	

选择类别	输入金额	保存

| 日期 地点 | 备注 | |

收入
工资	1	2	3
资产净收入			
兴趣收入	4	5	6

支出
生活支出	7	8	9
品味支出	·	0	=
投资支出			
冲动消费	−	+	⌫

| 明细 | 报表 | 资产负债 | 自创区 | 设置 |

阿宝和小朋友们说起了爸爸的工资条，大家都表达了自己的想法，你有什么想法呢？

阿宝跟我说，他爸爸刚工作的时候每个月收入只有100多元都能帮他姑姑念完大学，真厉害呀！

那时候的工资真的不高啊！

阿宝的爸爸是怎么做到的呢？

富爸爸告诉你

什么是收入？

　　收入就是个人（家庭或企业）在日常活动中获得的、会导致净资产增加的经济利益的总流入。

收入的两大特征就是：

- 收入是日常活动产生的，而不是来自偶发事项；
- 收入会导致净资产的增加。

　　收入主要包括两大部分，即工资收入或兴趣收入和资产收入。

FQ动动脑

1. 判断下列各项是否属于收入？请在你认为是收入的一项后面的括号中画"√"。

  A. 彩票中奖，得到1000元。   （ ）

  B. 卖废品得到10元。   （ ）

  C. 亲戚归还的欠款5000元。   （ ）

  D. 从舅舅家借来的5万元(用来买房子)。 （ ）

  E. 爸爸投稿得到的稿费1200元。   （ ）

  F. 妈妈买基金得到的分红800元。   （ ）

  G. 妈妈开服装店赚的3万元。   （ ）

2. 计算阿宝家的净资产。

  阿宝家有房产一套，价值200万元，另有存款5万元、国库券5万元、某上市公司股票10000股（当前股票价格为15元/股），还有价值20万元的家用汽车及生活用品、尚未偿还的银行按揭贷款80万元、去年借给舅舅开服装厂的10万元（预计明年年底才能还）。请问阿宝家的净资产是多少？计算好后请将下表填写完整。

阿宝家的资产负债表

单位：万元

序 号	资 产		负 债	
	项 目	金 额	项 目	金 额
1				
2				
3				
4				
5				
6				
7				
8				
资产合计			负债合计	
净资产				

FQ超链接

毛毛家的年收入

毛毛是一名布依族的小学生，生活在云贵高原上的一座小县城里。县城中有一条清澈见底的小河缓缓流过，河上有十几座桥，将城东和城西连为一体。小城的四周都是高山，从早晨到晚上，山上都云雾缭绕。由于地理位置和气候条件得天独厚，山上盛产优质的绿茶，大片大片绿油油的茶园随处可见。

毛毛的爸爸是个种茶能手，在与几个朋友合开的茶厂里主管生产，也就是负责茶叶的种植、采摘和制作。他每个月的工资是5000元。

毛毛的妈妈是一位小学数学老师，她的学生基本上都是少数民族的小朋友，有布依族、苗族的，还有侗族、壮族、瑶族的。妈妈的月工资是2500元。

尽管毛毛生活在大山里，但他和大城市里的孩子一样生活得很快乐、很幸福，而且他每个周六都可以和爷爷一起去游泳。游泳池是室外的，毛毛能边游泳边看着太阳在云雾中穿行，偶尔还能看到太阳露出的笑脸。周日晚上，毛毛会和妈妈一起去城里最漂亮的羽毛球馆打球。

年底的时候，爸爸的茶厂会给股东分红，数额不定，多的时候能有15万元。爸爸拿到钱之后都会交给妈妈，因为毛毛妈妈是个理财能手。今年，股市行情不好，但妈妈买的稳健成长型基金的业绩却很好，给他们家带来了3万元的分红呢。除此之外，妈妈还将原来的老房子简单装修后出租给了别人，每年的租金为2万元。

一年下来，毛毛家的收入真不少啊！

1. 计算一下毛毛家的年收入有多少？
2. 毛毛家去年的非工资收入一共是多少？

FQ笔记

和爸爸妈妈一起列出家庭的各项收入，估算家庭的年收入有多少？

项　目	收入（元）
合计：	

十七、家庭支出有哪些？

国庆长假归来

　　国庆长假结束了，阿宝、美妞、皮喽、咕一郎又聚在了一起。

　　咕一郎急不可待地告诉大家："我和爸爸妈妈一起去了新加坡，还专门去裕廊飞禽公园探望了几位长辈。我们每个人参加旅游团的团费是4500元。"

美妞说："我和爸爸妈妈去了厦门，那儿的风景太美了，简直就是一座花园城市！在鼓浪屿的菽庄花园，有一处特别的景致，庄园的后门上方写着两个很有气势的大字：'藏海'。透过半掩的门，果然能看到藏在门后的大海正波涛起伏！可惜人满为患，连张照片都没拍上，将来你们可以亲自到现场去欣赏。去厦门的费用比较便宜，报旅行团的话，费用是每人3500元。"

皮喽说："我和爸爸妈妈去的是九寨沟、成都，每人的团费是6000元。不过，爸爸说这个钱花得很值，因为我们还回了一趟峨眉山老家。旅游、探亲，一举两得！"

阿宝说："因为爸爸要准备'网络工程师'的资格考试，所以取消了去卧龙大熊猫自然保护区探亲的行程。但爸爸还是带我和妈妈去郊外的农家院吃了一顿丰盛的农家饭。"

咕一郎、美妞、皮喽三家国庆旅游各花了多少钱（他们都是三口之家）？

咕一郎家：_____元；

美妞家：_____元；

皮喽家：_____元。

什么是支出?

支出:个人(家庭或企业)在日常生活中,为获得资产、清偿债务、承担意外损失或进行消费而发生的经济利益的总流出。

支出有很多种,最常见的有消费支出(衣食住行、休闲娱乐、教育培训等)、投资支出、偿还债务的支出等。

FQ动动脑

1. 关于家庭支出,你知道有哪些具体的事项?

_____

_____

2. 下列哪些属于家庭支出?   (   )

A. 妈妈为我购买生日礼物(30元);
B. 和妈妈一起去超市购物(300元);
C. 爸爸出差去上海(2500元);
D. 妈妈购买基金(15000元);
E. 爸爸给爷爷奶奶汇款(1200元);
F. 还银行按揭贷款(2000元);
G. 看电影(100元)。

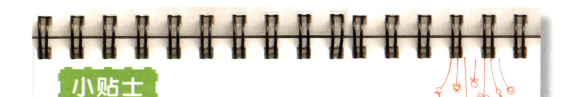

恩格尔系数

恩格尔系数，是指食品支出总额占个人（家庭）消费支出总额的比重。

19世纪德国统计学家恩格尔根据统计资料，总结出了消费结构变化的一个规律：一个家庭收入越少，家庭收入中（或消费总支出中）用来购买食物的支出所占的比例就越大；随着家庭收入的增加，家庭收入中（或消费总支出中）用来购买食物的支出比例则会下降。

推而广之，一个国家越穷，每个国民的平均收入中（或平均消费支出中）用于购买食物的支出所占比例就越大，随着国家的富强，这个比例将呈下降趋势。

恩格尔系数=食品支出金额−消费总支出金额×100%

FQ超链接

财务自由APP

——爸爸妈妈的最爱

阿宝说："爸爸妈妈自从用了财务自由APP，家里的账再也不糊涂了。现在爸爸每个月再也不用把工资卡交给妈妈了，每月发完工资，爸爸只需要往APP里记一笔，妈妈登录进去就能看到了，不仅是工资，就连爸爸平时大大小小的支出，妈妈也能随时看得到。"

美妞也不甘示弱："我妈妈自从用了财务自由APP，再也不乱记账了。以前，她总是这个本子上记一笔，那个本子上记一笔，到最后统计的时候，她自己都找不到记账本了。现在好了，妈妈会将每天的家庭支出完完整整地记录下来，月底只要点开财务报表就能轻轻松松了解本月的财务状况了，还可以为下个月做预算。"

皮喽也接着开始讨论爸妈使用财务自由APP的变化了……

三个小伙伴谈论着财务自由APP给爸爸妈妈带来的帮助，那到底什么是财务自由APP呢？它真的有那么好吗？我们不妨简单了解一下吧！

首先，财务自由APP是一款最专业的记账软件，它通过记账帮助人们改变和金钱打交道的行为习惯，并主动发现自己的兴趣，做自己喜欢做的事情，让自己的兴趣爱好被更多的人、更大的市场接受，从而将兴趣转化为资产。在这款APP里，首先要让每个人确定自己财务自由的目标，因为目标就是动机，通过设定

目标，培养人们的做事动机。

其次，它会引导人们将每个月的各项收入、支出做一份详细的记录，帮助人们管理金钱，转换人们的消费习惯。

总之，培养记账习惯对财商行为和习惯的养成，可以起到很好的作用。

FQ笔记

1. 与爸爸妈妈一起列出家庭的各项支出的明细、财务报表及资产负债表，并估算家庭各项的年支出 。

（1）食品类支出（含在家做饭、外出就餐、零食），
金额：＿＿＿＿＿＿＿＿元；

（2）衣服、鞋子以及化妆品方面的支出，
金额：＿＿＿＿＿＿＿＿元；

（3）房租（物业）、水电、煤气费，金额：＿＿＿＿元；

（4）日常交通费及家庭汽车维护相关费用（保养、保险、汽油、过路费、停车费等），金额：＿＿＿＿＿＿元；

（5）手机、座机话费及上网费，金额：＿＿＿＿＿＿元；

（6）旅游、娱乐支出，金额：＿＿＿＿＿＿＿＿元；

（7）教育、培训、购书等支出，金额：＿＿＿＿＿＿元；

（8）投资支出（含存款、股票、基金、房产等），

金额：＿＿＿＿＿＿元；

（9）偿还借款（含银行按揭贷款）的支出，

金额：＿＿＿＿＿＿元；

（10）赡养费（赡养老人），金额：＿＿＿＿＿＿元；

（11）医疗、健康及保险费（医疗意外险），

金额：＿＿＿＿＿＿元；

（12）其他支出，金额：＿＿＿＿＿＿元；

合计：＿＿＿＿＿＿元。

扣除投资支出（即不包括第8项）的余额，为消费总支出。年消费总支出为＿＿＿＿＿＿元。

2. 计算自己家的恩格尔系数（以一个月内的收入和支出为基础计算），看看落在了下面的哪个区间。

| 小于20% | 20%~40% | 40%~50% | 50%~60% | 大于60% |

十八、什么是收支平衡？

小美要告别"月光族"

周六下午，阿宝和堂哥小黑一起去表姐小美的学校打乒乓球。

小美早就听阿宝说过，他的堂哥小黑的财商很高，工作才三年就已积攒了10万元的梦想基金了，而小黑的同学中还有不少人是"月光族"，有些人甚至要靠透支信用卡才能度过月末的难关。

小美急切地向小黑请教应该如何花钱和攒钱。

小黑说："其实我刚参加工作时，也是一个'月光族'，见了东西就想买，一到月底钱就不够花，要向爸爸妈妈借钱度日。后来是在富爸爸的指导下，我才告别了'月光族'，还开始积攒梦想基金。具体的方法就是，先将工资收入的30％用来购买基金，然后将剩下的钱用来消费。为了保证月末不超支，还得在月初的时候做一个支出计划表，然后尽量照着计划表来花钱。这个方法既简单又实用，再坚持一年，我就可以用梦想基金去实现我的

129

梦想了。"

　　听了小黑的话，小美决定要给自己订立一个攒钱计划，第一阶段要实现收支平衡，争取以后不再向阿宝或别的同学借钱；第二阶段要像小黑哥一样，为梦想基金攒钱，争取半年内攒够800元买回那把自己向往已久的网球拍。

你认为小美怎样才能做到收支平衡？皮喽、咕一郎、美妞都提出了自己的建议，你的建议是什么呢？

小美之前"月光族"和她用起钱来没计划有关系。

收支平衡是不是收入和支出是相等的？不过这样还是存不下钱啊。

我明白了，有计划地用钱才能做到收支平衡，但收支平衡只是第一步，要想攒下钱来还得保证收入大于支出才行。

富爸爸告诉你

所谓收支平衡，就是指收入和支出是相等的，也就是说你拿到的钱和你花出去的钱是一样多的。

收支不平衡的结果有两种，一种是收入大于支出，这种情况下你就会有盈余，也就是多出来的钱；另一种情况是支出大于收入，这种情况下你就会发现钱不够花了。其实只要能做好消费计划，改变理财观念，实现收支平衡并不是一件很难的事情。

FQ动动脑

1. "月光族"和"啃老族"是收支平衡一族吗?

_____

_____

2. 中小学生属于"啃老族"吗?

_____

_____

小贴士

啃老族

　　"啃老族"是指达到或超过了就业年龄,但主动放弃了就业机会,赋闲在家,仍依靠父母供养的年轻人。社会学家称之为"新失业群体"。

　　网络上有一个关于"啃老族"的谜语,这个谜语的谜面准确地描述了啃老族的典型特征:"一直无业,二老啃光,三餐饱食,四肢无力,五官端正,六亲不认,七分任性,八方逍遥,九(久)坐不动,十分无用。"

美妞当家

学习财商知识后，美妞了解到自己家每月的收入为8000元，日常支出为5500元，每个月只有2500元可以用来投资。而阿宝家的收入和她家差不多，却能够每月留出3500元用来做基金定投。

美妞希望自己家也能像阿宝家一样，每个月拿出3500元来做相应的投资，这样一年下来，家里至少可以增加12000元的净资产。美妞把自己的想法告诉了爸爸妈妈，得到了他们的赞同，他们还决定让美妞来"当家"，安排家里的日常支出。

美妞先将家里每月的支出详细地列了出来，然后制订了一个"千元节省计划"。她的计划主要包括：

1.降低爸爸抽烟的支出，从每月300元，直接降至20元，然后分三个月逐步降为零元。

2.洗车费由每月280元，降至0元—改由爸爸和美妞一起洗车。

3.将每周两次的外出就餐，改为每周一次，可节省400元。

4.将周末开车出行改为坐地铁、公交车出行，可节省160元。

上述四项计划实施后，第一个月预计可节省1120元。

美妞还制订了水费、电费、电话费、停车费等的节省计划，这些一共可节省约200元。

到月底，除了爸爸的烟钱只节省了240元，其他目标基本达成，一共节省了1280元。

如果让你来当家，你会对家中的哪些支出项进行消减？预算可节省多少钱？

延伸阅读

财政赤字与财政盈余

不仅个人及家庭面临收支平衡问题，每个国家也面临收支平衡问题。

当一个国家的年度财政收入不足以支撑年度财政支出时，国家就会"入不敷出"，这个差额在财务报表上通常用红色字体标出，这就是"财政赤字"。

当一个国家的年度财政收入大于财政支出时，这个差额在财务报表上通常用蓝色字体标出，这时表示国家有了"财政盈余"。

FQ笔记

当一周家里的小管家，管理家庭的收入与支出。在这个过程中想一想，你可以采取哪些方法增加家中的盈余？并在一周结束后写个小报告。

_____

_____

_____

_____

_____

_____

_____

_____

图书在版编目（CIP）数据

我有一个财富梦想/财商教育编写中心编．－成都：四川人民出版社，2016.4
（金钥匙系列）
ISBN 978-7-220-09771-3

Ⅰ．①我… Ⅱ．①财… Ⅲ．①经济学－儿童读物

Ⅳ．① F0-49

中国版本图书馆 CIP 数据核字 (2016) 第 029692 号

WO YOU YIGE CAIFUMENGXIANG

我有一个财富梦想

财商教育编写中心 编

责任编辑	江　澄
特约编辑	张　芹
封面设计	朱　红
责任校对	蓝　海
版式设计	乐阅文化
责任印制	聂　敏

出版发行	四川人民出版社　（成都槐树街 2 号）
网　　址	http://www.scpph.com
E-mail	scrmcbs@sina.com
新浪微博	@ 四川人民出版社
微信公众号	四川人民出版社
发行部业务电话	（028）86259624　86259453
防盗版举报电话	（028）86259624
照　　排	北京乐阅文化有限责任公司
印　　刷	三河市三佳印刷装订有限公司
成品尺寸	190mm×247mm
印　　张	9.25
字　　数	150 千字
版　　次	2016 年 4 月第 1 版
印　　次	2016 年 4 月第 1 次印刷
书　　号	ISBN 978-7-220-09771-3
定　　价	38.00 元

■ 版权所有·侵权必究
本书若出现印装质量问题，请与我社发行部联系调换
电话：（028）86259453